AF227090

ORAISON FUNEBRE

DE TRES-HAUT

ET TRES-PUISSANT SEIGNEUR,

MESSIRE

CHARLES DE SAINTE-MAURE,

DUC DE MONTAUSIER,

PAIR DE FRANCE,

Prononcée à Paris dans l'Eglise de S. Germain l'Auxerrois le 19. Aoust 1690.

Par Messire M. A. ANSELME.

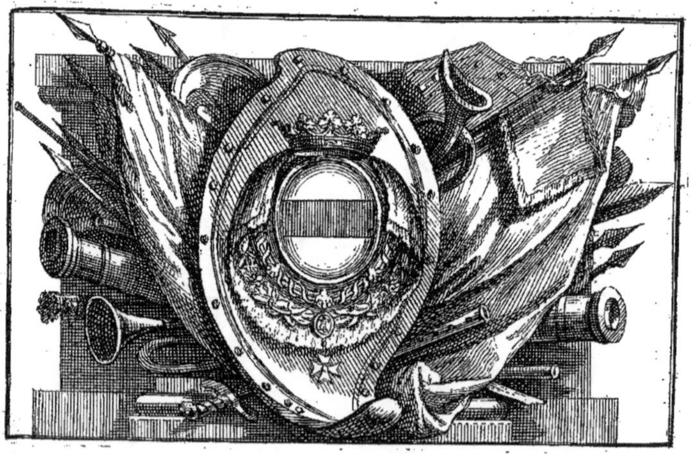

A PARIS,

Chez GEORGE & LOUIS JOSSE, ruë Saint Jacques, à la Couronne d'épines.

AVEC PERMISSION. 1690.

ORAISON FUNÉBRE

DE MESSIRE

CHARLES DE SAINTE-MAURE,

DUC DE MONTAUSIER,

PAIR DE FRANCE.

Viam veritatis elegi. *J'ay choisi la voye de la verité.*
Ces paroles sont du Pseaume 118.

MESSEIGNEURS

Il y a une grande difference entre l'état
des pecheurs & celui des justes, au mo-

ment que leur ame dégagée des liens du corps va paroiſtre devant ſon Juge. Les pe-
cheurs ſont *ſaiſis de trouble & de frayeur*, & la premiere plainte que le deſeſpoir leur arrache, c'eſt, dit l'Ecriture, de s'eſtre é-garez de la voye de la verité : *Ergo erra-vimus à via veritatis !* Mais lorſque les ju-ſtes vont recevoir de la main de Dieu *le Diademe de la Gloire*, ſoûtenus par cette conſtance tranquile que donne l'innocen-ce de la vie, chacun d'eux s'applaudit avec une humble reconnoiſſance d'avoir choiſi la voye de la verité. *Viam veritatis elegi.*

La Verité aſſiſte à ce double jugement. Elle accuſe les pecheurs qui l'ont ignorée : elle protege les juſtes qui l'ont connuë ; & à peine leur a-t-elle ſervi de bouclier pour repouſſer les dernieres attaques de l'ennemi de leur ſalut, que la mort qui eſt pour les autres le commencement d'une nuit éter-nelle, devient pour eux comme l'Aurore d'un beau jour qui ne finira jamais. Elle laiſſe arriver les pecheurs au terme fatal où les ont conduits les routes malheureuſes que les paſſions leur ont ouvertes, & ne ſe montre à eux que pour eſtre leur ſupplice; tandis qu'elle conduit les justes *sur la montagne sainte & dans les Tabernacles éternels*, où elle-mesme fait leur bonheur: car la gloire, selon Saint Augustin, n'est qu'*une joye qui transporte les Bienheureux à la vüe de la verité.*

Quand la mort nous a ravi le grand Homme qui fait le sujet de cette triste Ceremonie, en quel de ces deux états pensons-nous qu'il se soit trouvé? Nous ne serons pas temeraires, CHRETIENS, si nous presumons que la Verité aura fait alors pour luy ce qu'il avoit toûjours fait pour elle. Soit que nous le considerions dans la Religion, ou dans l'Etat; dans la Guerre, ou dans la Paix; à la Cour, ou dans les Provinces; comme particulier, ou comme personne publique; vivant, ou mourant: nous trouverons que par la grace de JESUS-CHRIST il n'a jamais eu le cœur assez appesanti vers la terre pour aimer la vanité, ni pour chercher le mensonge. Nous trouverons que tout retentit de sa probité, de sa grandeur d'ame, de sa bonté, de sa justice, de sa pieté, de sa droiture; &, ce qui renferme toutes les vertus ensemble,

Psalm 42. 3.

Aug. Conf. lib. 10. c. 23.

Psalm. 4. 3.

A

de son amour immuable pour la verité.
Et puisque nous sçavons qu'il en a esté l'a-
mateur le plus passionné durant sa vie,
rien ne nous défend d'esperer qu'aprés sa
mort elle ne soit devenuë sa protectrice,
Genes. 6. & qu'elle ne lui ait fait *trouver grace de-*
8. *vant le Seigneur.*

Nous en serions encore plus assurez, si
nous pouvions l'interroger lui-mesme. Je
sçai, qu'il a toûjours voulu parler comme
les pecheurs, & qu'en recitant les Pseau-
mes comme l'Eglise, il ne prononçoit qu'-
avec repugnance certains Versets qui ne
conviennent qu'aux justes. Mais dans un
temps où il ne doit plus craindre pour son
humilité, il nous avouëroit ingenûment
les misericordes qu'il a reçûës. L'homme,
nous diroit-il, ne parvient à sa derniere
fin qu'en choisissant une voye qui l'y con-
duise; & j'y suis parvenu, parce que j'ai
choisi la voye de la verité. *Viam veritatis*
elegi.

Mais ce qu'il ne peut dire lui-mesme,
mon ministere m'engage de le dire pour lui;
& dans un jour consacré à honorer sa memoire je ne balance point à lui prester ces

paroles glorieuses qui marquent le caractere de son esprit & de son cœur. Je viens
vous le proposer, MESSIEURS, comme
un homme vrai par excellence ; & j'aurai
cét avantage si rare dans nos jours, qu'en
loüant un Courtisan, je loüerai la Verité.
Bien plus, la mesure de l'Evangile sera ici *Matth.7.*
égale & reciproque ; & comme ce Courti- *2.*
san a toûjours fait l'éloge de la Verité par
amour, aujourd'hui la Verité fera le sien
par reconnoissance.

Mais donnons un ordre à ce Discours.
Il y a trois notions de la Verité. Elle est
contraire à l'Erreur, contraire au Mensonge, & contraire au Peché. Contraire à
l'Erreur, elle éclaire l'esprit : contraire au
Mensonge, elle met la sincerité dans les
paroles : contraire au Peché, elle regle les
actions. D'abord elle fait bien penser, en-
suite elle fait parler comme l'on pense, &
enfin elle fait agir conformément à ce que
l'on a dit, & à ce que l'on a pensé.

C'estoit pour éviter l'erreur, que le Roi
Prophete disoit : Seigneur, répandez dans *Psalm.*
mon esprit vôtre lumiere & vôtre verité. *42. 3.*
Emitte lucem tuam & veritatem tuam.

C'eſtoit pour éviter le menſonge, qu'il ajoûtoit : N'oſtez jamais de ma bouche les paroles de la verité. *Ne auferas de ore meo verbum veritatis uſquequaque.* C'eſtoit pour éviter le peché, qu'il diſoit encore : Reglez mes actions ſelon vôtre verité. *Dirige me in veritate tua.* Et aprés avoir obtenu ces trois graces ſignalées, il avoit raiſon de dire avec confiance : *Viam veritatis elegi.* J'ai choiſi la voye de la verité.

Je ne crains pas d'avancer à la face des Autels & dans cette illuſtre Aſſemblée, que celui pour qui nous prions, a rempli parfaitement cette idée. Son eſprit a eſté plein de lumiere & de verité. Sa langue ne s'eſt preſtée qu'aux paroles de la verité. Ses actions ont eſté conformes aux regles de la verité. Diſciple aſſidu, Organe fidele, Obſervateur religieux de la verité, il l'a connuë, il l'a dite, il l'a pratiquée.

Voilà, MESSIEURS, le ſujet de nôtre conſolation & de nôtre inſtruction tout enſemble, & en meſme temps le fond de l'Eloge funebre de TRES-HAUT ET TRES-PUISSANT SEIGNEUR MESSIRE CHARLES

CHARLES DE SAINTE-MAURE, CHEVALIER DES ORDRES DU ROY, DUC DE MONTAUSIER, PAIR DE FRANCE, GOUVERNEUR DE NORMANDIE, ET CY-DEVANT DE MONSEIGNEUR LE DAUPHIN.

LA connoiſſance de la verité commence nôtre bonheur ſur la terre , & le conſomme dans le ciel. Il eſt vrai , que nous ne la voyons ici qu'au travers des ombres & des nuages, mais nous ne ſommes jamais aſſez malheureux pour la perdre tout-à-fait de vûë. C'eſt meſme aſſez que nous ſoyons hommes pour eſtre unis avec elle , puiſque , ſelon la remarque de Saint Gregoire de Nyſſe , nôtre raiſon n'eſt pas ſeulement *une faveur precieuſe que nous recevons de la verité* , mais encore *une poſſeſſion excellente de la verité meſme.* Depuis que JESUS-CHRIST eſt venu, *afin que ceux qui ne voyent point, voyent ;* *la verité* , dit Saint Auguſtin, *eſt un bien commun à tous les hommes,* & ceux qui la cherchent la trouvent.

Cette recherche ne laiſſe pas neanmoins

I. PARTIE.

1. *Cor.* 13. 12.

Greg. Nyſſ. adv. eos qui ægr. fer. repr.

Joann. 9. 39.

Auguſt. in Pſalm. 75. *num.* 17.

B

d'eſtre difficile, parce qu'en quelque état
que nous ſoyons il y a toûjours des tenebres qui nous environnent.   En qualité
d'hommes, nous ſommes dans l'ordre de
la Nature, & il y a des tenebres qui nous
en cachent les ſecrets. Comme Chrétiens,
nous ſommes dans l'ordre de la Religion,
& il y a des tenebres qui nous en cachent
les myſteres. Mais Dieu nous a donné les
moyens de chercher la verité par tout :
dans la Nature, par les lumieres de la ſcien-
ce ; & dans la Religion, par les lumieres
de la Foi.

Si vous conſiderez l'illuſtre Mort que
nous pleurons, dans l'ordre de la Nature,
il eſtoit né dans les tenebres de l'ignorance comme le reſte des hommes ; mais il
les a diſſipées par le progrés qu'il a fait
dans les ſciences. Si vous le conſiderez par
rapport à la Religion, il s'étoit trouvé dans
les tenebres de l'erreur en naiſſant de parens heretiques ; mais il les a diſſipées en
captivant ſon eſprit ſous l'obéïſſance de la
Foi. Et dans l'un & dans l'autre état il a
eu le bonheur de choiſir la voye de la verité. *Viam veritatis elegi.*

I. *Cor.*10.
5.

La plufpart des Grands du monde, contens de ne pas negliger les exercices du corps, abandonnent aux autres hommes les exercices de l'efprit ; comme s'il n'y avoit point une nobleffe de merite auffi-bien qu'une nobleffe de fang, & comme fi celle que donne le fang, ne recevoit pas un nouvel éclat de celle qui vient du merite. CHARLES DE SAINTE-MAURE eftoit iffu d'une Maifon, dont la noble origine fe perd dans l'obfcurité des fiecles les plus reculez ; & les perfonnes illuftres qui en font forties, ont fait d'heureufes alliances avec tout ce qu'il y a de plus Grand dans ce Royaume, ont eu la meilleure part à la confiance de nos Rois, & tiennent les places les plus honorables dans nos Hiftoires. Mais la grandeur de fa naiffance ne le fit pas tomber dans l'erreur où tombent la plufpart des Grands.

Il dût fa premiere education à une mere habile & genereufe, qui, demeurée veuve dans fes plus beaux jours, n'imita pas celles *qui vivent dans les delices* ; mais veritablement *femme forte, elle confidera les* *fentiers de fa maifon, & n'y mangea pas*

1. Tim. 5. 6.
Prov. 31. 72.

son pain dans l'oisiveté. Elle sacrifia sa jeunesse, sa beauté, ses commoditez temporelles à l'avantage de ses enfans, & les fit élever loin d'elle : soit pour ne les pas distraire de leurs devoirs par une tendresse indiscrete; soit pour ne les pas plonger dans cette delicatesse honteuse, qui rend le corps moins propre à la fatigue, & le cœur moins capable de fermeté.

Je dis ses enfans, car celui que nous pleurons aujourd'huy, avoit alors un frere que les droits de la naissance rendoient chef de sa Maison, & qui estoit digne de l'estre par ses grandes qualitez. Sa vie fut renfermée dans un cercle étroit, mais sa gloire n'eut point de bornes; & s'il eût toûjours avancé en âge, il auroit toûjours crû en merite. Enfin aprés s'estre distingué à la Cour par les qualitez que le monde estime, aprés avoir signalé sa valeur dans les armées, il mourut au lit d'honneur; & la Maison de Sainte-Maure encore plus illustrée depuis qu'elle eut sacrifié une si belle victime au salut de l'Etat, mit dés lors toute son esperance en celui qui en devoit estre le soûtien, & qu'elle vient

maintenant de perdre. Mais chaſſons cette triſte idée encore pour quelques mo-
mens.

Comme la Providence avoit choiſi
MONSIEUR DE MONTAUSIER pour
un de ces Genies du premier ordre, qui
concourent à la beauté de l'Univers, &
qui ſervent d'exemple à tous les hommes,
elle l'enrichit de tous les dons neceſſaires
pour répondre à ſa haute deſtinée. Elle le
fit naiſtre avec un naturel heureux, avec
un eſprit grand, vif, penetrant, juſte, &
la profondeur de ſon jugement répondoit
à la beauté de ſon eſprit. Digne eſtima-
teur du merite il ſçût diſtinguer le ſolide
du ſuperficiel, & attiré par le ſeul éclat du
vrai, ni le faux ne le trompa, ni le vrai-
ſemblable ne l'éblouït.

A quelles connoiſſances ne l'éleva point
la facilité du genie aidée par l'aſſiduité du
travail & par les inſtructions de ſes Mai-
ſtres? A meſure que ſa raiſon croiſſoit avec
ſon âge, *il examinoit tout ce qui ſe paſſe
ſous le Soleil, & il appliquoit ſon eſprit à
connoiſtre la prudence & la doctrine, les
erreurs & la folie des hommes.* Il apprit les

*Eccle. c.
1. v. 13.
17.*

B iii

Langues sçavantes, il connut toutes les beautez de l'Eloquence, il fut mesme touché des charmes de la Poësie, qu'il ne trouva pas indigne d'un homme de son rang, puisqu'elle a esté consacrée dans plusieurs Livres de l'Ecriture, & que le Saint Esprit a voulu nous marquer le nombre des Ouvrages poëtiques que fit un grand Roi. *Fuerunt carmina ejus quinque & mille.* Il conversoit assidûment avec tous les Sages de l'Antiquité par la lecture de leurs Ouvrages, & prenant l'Histoire pour sa guide fidele, *il passoit* en esprit *dans les terres étrangeres, afin de connoistre parmi les hommes le bien & le mal.*

Cét amour qu'il eut pour les Lettres, ne s'effaça jamais de son cœur, & parmi le tumulte du monde & des affaires il trouva toûjours quelques heures pour l'étude. Jugez, MESSIEURS, de ce qu'il fit quand il fut prisonnier de guerre en Allemagne. Là un loisir forcé lui devint utile, & son application continuelle à s'instruire de tout ce que *Dieu a livré à la dispute des hommes,* le délivra du supplice de l'ennui, & le con-

sola de la rigueur de sa fortune. Il perdit
la liberté, mais la Verité ne l'abandonna
pas. Elle descendit avec lui dans la fosse,
& ne le quitta point dans ses chaînes.
Descendit cum illo in foveam, & in vin-
culis non dereliquit illum. Ses liens luy
estoient honorables, puisqu'ils estoient les
marques de sa valeur & de son amour pour
son Prince; mais il voulut encore en avoir
de plus glorieux en suivant ce conseil du
Sage : *Aimez la sagesse qui rend l'homme*
intelligent. Mettez vos pieds dans ses fers,
& engagez vostre coû dans ses chaînes : car
ses fers deviendront pour vous un ferme ap-
pui, & ses chaînes un habillement de gloire.

   Ne croyez pourtant pas, MESSIEURS,
que dans tout le cours de sa vie il ait imité
ces hommes également vains & curieux,
qui des sciences les plus serieuses font
l'objet déreglé de leurs passions, qui en
cherchent bien plus l'exactitude que l'u-
tilité, & qui possedez du desir insensé
d'estre éclairez pour les autres, sans penser jamais à l'estre pour eux, ne se propo-
sent pour unique fruit de leur travail que
l'approbation du monde. Il ne regarda ja-

mais l'étude que comme un moyen ne-
cessaire pour bien remplir tous les emplois
de la vie, & persuadé que le Saint Esprit
ne donne le nom de science qu'à celle qui
nous apprend à bien vivre, & qu'il traite
d'aveugles tous les sçavans qui l'ignorent,
il ne se servit des connoissances humaines
que pour parvenir à celle-là, & pour tour-
ner en toutes choses son esprit à la verité.

Mais l'homme noble n'est pas moins obligé de tout sçavoir, que de tout faire no-
blement. Il y a un art de civiliser la science, & pour apprendre cét art, personne ne
suffit à soi-mesme. Il faut joindre à l'habileté l'usage du monde, & mesler, pour
ainsi dire, les fleurs de la conversation aux
épines de l'étude. Le sçavant Homme dont
nous honorons la memoire, ne manqua
point de ce secours dans les commence-
mens de sa vie. Outre que ses belles inclinations le porterent à ne se faire que des
amis choisis, distinguez par la naissance
ou par le merite, il alloit souvent dans
une maison celebre, où la science & la politesse sembloient avoir établi leur demeu-
re. Là s'assembloit tout ce que la Cour &

L'Hôtel de Ram-bouillet.

la

la Ville avoient de plus grand , de plus
vertueux, de plus éclairé, de plus poli dans
l'un & dans l'autre fexe. Là le merite recevoit fon prix , & trouvoit la reputation
pour recompenfe. Là plus d'un Salomon
& plus d'une Reine de Saba fe faifoient
des queftions obfcures , & fe charmoient
mutuellement par la fageffe de leurs répon-
fes. Et au lieu que dans nos jours le Jeu
eft prefque l'unique lien des compagnies ,
où il introduit l'ignorance , l'avarice , le
chagrin , la mauvaife foi , le blafpheme ;
alors on ne s'affembloit que pour faire des
lectures agreables & des converfations uti-
les , qui n'excluoient pourtant pas les jeux
innocens & les divertiffemens honneftes.
Je ne vous dirai pas , MESSIEURS, combien MONSIEUR DE MONTAUSIER
augmenta fon habileté en pratiquant un
fi grand nombre de gens habiles. Il me
fuffit de vous faire fouvenir qu'il fe diftin-
gua dans une Compagnie fi diftinguée ,
qu'il en fut bien-toft un des principaux or-
nemens,& que par un heureux prefage pour
l'avenir il y fut regardé avec des yeux de
preference par la perfonne du monde qui

avoit le goût le plus delicat, les manieres
les plus nobles, & l'esprit le plus cultivé.

Mais je m'oublie, CHRETIENS.
N'est-ce pas d'avoir connu la Verité que je
le loüe? He! tout ce que je viens de dire
n'empeschoit pas qu'il ne fût *assis dans les*
tenebres & à l'ombre de la mort. Il estoit sçavant, je l'avoüe; mais qu'est-ce que la science sans la charité? C'est, dit le Sage, *une*
occupation fâcheuse que Dieu a donnée aux
hommes pour les travailler durant leur vie.
C'est une application penible & inquiete,
qui remplit leur esprit de distractions, qui
leur desseche le cœur, qui nourrit en eux
l'orgueil & la complaisance, & qui les é-
loigne bien plus qu'elle ne les approche de
la connoissance & de l'amour de la verité.
Il brilloit dans les Compagnies les plus é-
clairées, il est vrai: mais on lui souhaitoit
encore des lumieres qu'il n'avoit pas; &
si enfin il ne les eût acquises par la mise-
ricorde de ce Maistre celeste qui *enseigne*
la voye de Dieu dans la verité; avec toute sa science & toute sa politesse, il seroit
maintenant enfoncé *dans la terre d'oubli:*
& l'Eglise ne l'ayant pas trouvé au nom-

bre de ſes enfans , bien loin de l'honorer d'une ſeconde pompe funebre, ne le connoiſtroit ſeulement pas.

Vous m'entendez, MESSIEURS. La France eſtoit alors partagée ſur la Religion ; & ſi l'on avoit la conſolation d'y voir un Temple ſur la Montagne de Sion, on avoit la douleur d'en voir un autre ſur celle de Garizim. C'eſtoit ſur cette Montagne ſchiſmatique que les Parens de MONSIEUR DE MONTAUSIER avoient eſté conduits par des guides infideles , & il s'y trouvoit avec eux par le malheur de ſa naiſſance. Quelle force n'eurent pas ſur ſon eſprit les préjugez de l'enfance, de l'education , & de la coûtume ! Avec quelle ardeur ne le vit-on pas diſputer en faveur de la mauvaiſe Cauſe , tant qu'il fut perſuadé que c'eſtoit la bonne ! Dieu ne lui avoit pas encore donné *ces yeux de cœur*, dont parle Saint Paul, *éclaireʒ* par une foi *Epheſ. 1.* vive. Mais à peine les eut-il reçûs , qu'a- *18.* prés avoir long‑temps combattu , il fut contraint de rendre les armes, & d'avouër *Auguſt.* avec Saint Auguſtin, qu'*il n'eſt rien de plus* *in Pſalm.* *glorieux que d'eſtre vaincu par la verité.* *57.* *num.* *20.*

C ij

Il sortit de Samarie pour revenir à Jerusalem , & abandonnant l'erreur où il estoit
né, il choisit la voye de la verité que ses
Peres avoient abandonnée. *Viam verita-*
tis elegi.

La force de l'exemple ne fut pas la cau-
se de ce choix. Les conversions estoient
alors tres-rares parmi les personnes de son
rang , qui croyoient renoncer à la noblesse
de leurs Peres, s'ils renonçoient à leurs éga-
remens , & qui avoient la malheureuse
politique de ne donner point en embras-
sant la verité , une preuve qu'ils avoient
esté dans l'erreur.

Ce choix ne fut pas l'effet d'une facilité naturelle , ni la resolution précipitée
d'un homme qui chancelle dans ses premiers sentimens. On sçait au contraire ,
que si sa raison ne se fût renduë maîtresse
de ses inclinations , bien loin d'avoir du
penchant pour l'inconstance , il eût esté
plûtost enclin à l'inflexibilité.

Il ne fut pas mesme porté d'abord à faire
ce choix par la reputation & par l'autori-
té des grands Hommes que Dieu a susci-
tez de nos jours, pour donner par leurs Ou-

vrages immortels le dernier coup à l'Here-
fie. Un homme fans lettres & fans nom
raifonnoit un jour en fa prefence fur les
caracteres de la vraye Eglife. La verité, qui
ne l'avoit pas encore touché dans les bou-
ches les plus éloquentes, lui parut moins
fufpecte dans celle d'un fimple Artifan, & il
en devint plus attentif à la chercher lui-mê-
me. C'eft ainfi, mon Dieu, que vous aimez
à vous fervir des chofes les plus viles & *1.Cor.c. 1.*
les plus méprifables felon le monde, pour *v. 28. 29.*
operer les plus grands prodiges de vôtre
Grace, afin que nul homme ne fe glorifie
devant vous.

Il le faut avouër, MESSIEURS; le feul
motif de la converfion de cét Homme in-
flexible fut l'amour de la verité. Aprés
beaucoup de recherches, de lectures, &
de reflexions, fa raifon éclairée par la Grace lui découvrit le faux d'une Religion,
qui fe pretendoit reformée. Il reconnut,
que l'Eglife eft *la ville de la verité,* com- *Zach. 8.*
me l'appelle Saint Auguftin aprés un Pro- *3.*
Aug. con-
phete, & il defira d'en eftre citoyen pour *tra mend.*
c. 17.
y rendre au Pere celefte un culte veritable & fincere. Il dit alors à Dieu dans fon

Pſalm.85.
11. cœur : J'entrerai dans vôtre verité : *Ingre-diar in veritate tua.* Il y entra, MES-SIEURS, & en y entrant il donna lieu de croire que la verité n'eſtoit pas dans un parti que l'on voyoit abandonné par un homme ſi veritable.

Luc. 15.
10. Sa converſion affligea ſes Proches, mais elle réjouït les Anges du ciel. La mere qui l'avoit mis au monde, en verſa des larmes; mais celle qui venoit de l'enfanter à JESUS-
Luc. 7.
15. CHRIST, eſſuya les ſiennes en le voyant ſortir du tombeau, & revenir vivant dans ſon ſein. La premiere deſeſperée de le per-dre en fit ſes plaintes à tout ce qui l'envi-
Luc. 15.
9. ronnoit; mais la ſeconde ravie de l'avoir retrouvé, appella ſes voiſins & ſes amis pour s'en réjouïr avec elle.

Dés qu'il eut parfaitement connu la ve-rité, il l'aima, & en l'aimant il apprit à la mieux connoître : car ſelon la parole cele-bre de Saint Auguſtin, *ce n'eſt que par la*
Aug. con-
tra Fauſt. *charité que l'on entre dans la verité.* Tou-
libr. 31.
cap. 38. te ſa douleur eſtoit de l'avoir trop tard con-nuë & trop tard aimée; & tout ſon deſir, que les autres la connuſſent & l'aimaſſent comme lui. Sa douleur porta ſon remede

avec elle en augmentant de plus en plus
fa foûmiſſion à l'Egliſe ; & par un bonheur
ineſperé il a vû ſon deſir accompli avant
la fin de ſa vie.

Il a vû les compagnons de ſon malheur
devenir les imitateurs de ſa ſageſſe , & *Pſalm. 88.*
chanter avec lui les miſericordes du Sei- *2.*
gneur au milieu de ſon ſaint Temple. Il a
vû l'Hereſie , comme une autre Babylone,
entierement détruite , ſans eſperance de *Iſai. 13.*
revoir ſes habitans , ni d'eſtre jamais ré- *19.*
tablie. Il a vû l'Egliſe Gallicane , comme
une autre Jeruſalem , quitter ſes robes lu- *Bar. 5. 8.*
gubres pour prendre les veſtemens pre-
cieux dont elle ſe pare aux jours de ſa gloire , & s'abandonner à la joye depuis qu'el- *Iſai. 53.*
le eſt devenuë la Cité ſainte où il ne paſ- *1.*
ſera plus d'incirconcis. Il a vû le Roi , comme un autre Joſias , détruire les Temples
des Hauts-Lieux , chaſſer toutes les abo- *4. Reg. 6.*
minations de ſon Royaume , & réünir *23. v. 19.*
tous ſes Sujets dans le ſein de la vraye Re- *& ſeq.*
ligion.

Avec quelle joye ſa pieté a-t-elle vû ce
changement ! Mais avec quelle inquietude
ſa ſageſſe en prévoyoit-elle les ſuites ! Il a

vû naiftre l'orage , & il n'a pas aſſez vécu
pour le voir calmé : mais du moins eſt-il
mort avec cette conſolation, que la verité triomphoit en France, & que la France eſtoit armée pour la faire triompher
par-tout où elle eſt combattuë.

Ne nous égarons pas ici dans nos pen-
Rom.1.21. ſées , CHRETIENS : mais fortement per-
ſuadez qu'il y a un ordre caché dans les
Luc. 21. deſordres du monde, poſſedons nos ames
19. dans la patience , en attendant qu'il plaiſe
à Dieu de nous découvrir les motifs qui
lui font remuer ces grandes machines , dont
les hommes ſe croyent fauſſement les premiers mobiles. Tandis que nous voyons
avec horreur l'Occident & le Septentrion
ſcandaleuſement conjurez pour appuyer
l'erreur & l'injuſtice, eſtimons-nous heureux d'habiter la ſeule Region , qui prend
la défenſe de la verité perſecutée ; & de-
mandons à Dieu, qu'il rompe tous les pie-
ges que l'on tend à la tranquilité publique,
qu'il diſſipe tous les conſeils où il ne ſera
point appellé, qu'il faſſe deſcendre du ciel
la Paix que nos pechez ont contrainte de
Pſalm. s'y retirer, & qu'il ne ſe ſouvienne ſur nous
24. 6.
que

que de ses misericordes infinies. Nous con-
noissons la verité que MONSIEUR DE
MONTAUSIER a connuë, & en cela con-
siste nôtre bonheur comme le sien. Mais
il ne suffit pas d'en avoir une connoissance sterile, il faut que la verité passe du
cœur à la bouche, &, selon l'Evangile, *Matth.*
que *la bouche parle de l'abondance du* *12. 34.*
cœur,

DIEU n'a établi le commerce de la pa- **II.**
role parmi les hommes, qu'afin qu'ils **PARTIE**
s'instruisent les uns les autres de la verité, & JESUS-CHRIST n'est descendu sur *Joann. 18.*
la terre que pour les instruire. Mais com- *37.*
me les Prophetes se plaignoient avant son
avenement, de ce que *les veritez, estoient* *Psalm. 11.*
diminuées parmi les enfans des hommes, les *v. 2. 3.*
Predicateurs de la nouvelle Loi peuvent
faire la mesme plainte depuis qu'il est venu. Ou l'on garde le silence, ou l'on ne le
romp que pour dire *des choses vaines à son*
prochain ; tant il y a de *levres trompeuses*
& de cœurs doubles.

Une conduite si criminelle n'est que
trop connuë dans le monde ; mais elle est

ordinaire à la Cour, où tous les cœurs
sont enveloppez, & où la plûpart des bou-
ches ne sont ouvertes qu'au mensonge &
à la flaterie. Ne diroit-on pas que le Prophete Jeremie décrivoit la Cour, quand
il demandoit une fontaine de larmes pour
pleurer jour & nuit sur Jerusalem infide-
le? C'est, disoit-il, *une assemblée de preva-*
ricateurs de la Loi de Dieu. Ils ne disent
point la verité, car ils ont instruit leurs lan-
gues à debiter le mensonge, & ils se sont é-
tudiez à faire adroitement des injustices.
Ils ont la paix dans la bouche en parlant
avec leur ami, & en mesme temps ils lui
tendent un piege en secret. C'est-là que la
» langue qui flatte, est plus meurtriere que
» la main qui tuë. Il semble qu'elle conso-
» le, mais en effet elle seduit, & sous un dis-
» cours qui plaist, elle cache une erreur qui
» empoisonne.

Mais graces à JESUS-CHRIST, voici
un Courtisan, qui n'a usé, ni de dissimula-
tion, ni de mauvaise foi, ni de flatterie,
& qui aprés avoir connu la verité, a eu le
courage de la dire. Qui ne sçait, que la
sincerité fut sa vertu la plus marquée? Une

Jerem. c.
9. v. 2. &
seq.

Aug. in
Psalm.
69.num.
5.
Gregor.
Papa
Moral.
lib. 13.
cap. 2.

humeur naturellement libre , & une longue habitude de ne dire que ce qu'il pen-
foit, l'avoient mis dans une heureufe im-
puiffance de permettre à fa langue de parler contre fon cœur. Ennemi déclaré de
cette duplicité maudite dans les Livres
faints, il la cenfura rigoureufement toute
fa vie , & ceux qu'il pouvoit feulement
foupçonner de *marcher par deux voyes* , n'eurent aucune part dans fon eftime , ni
dans fon amitié. Les fourbes fuyoient de-
vant fes yeux , & s'ils eftoient contraints
de foûtenir fa prefence , foit honte , foit
crainte , foit refpect , du moins ne pou-
voient-ils pas foûtenir leur déguifement ;
& la candeur de cét Homme venerable
les forçoit à fe démafquer eux-mefmes. Fidele jufqu'au fcrupule , il tint toûjours ce
qu'il promit , & mefme dans les premiers
feux de la jeuneffe où les plus fages feduits
par l'attrait du plaifir hazardent quelquefois des promeffes infideles , il ne promit
que ce qu'il vouloit tenir. Sincere pour
lui-mefme comme pour les autres , jamais
il ne voulut fouffrir que perfonne le fla-
taft, & jamais il ne flatta perfonne. Il é-

Eccli. 2. 14.

1. Theff. 2. 5.

toit si éloigné de donner de fausses loüanges, qu'il faisoit mesme difficulté d'en
donner de veritables, persuadé de cette
maxime de S. Chrysostome: *Qu'un Chré-*
tien doit plus craindre une loüange qu'un
affront. Mais quand le merite l'y forçoit,
c'estoit toûjours avec des précautions si sages, que tous ceux qu'il honoroit de son
approbation, ne risquoient rien pour leur
modestie, & sortoient d'auprés de lui
loüez & instruits en mesme temps. Aussi
exact à loüer avec justice qu'à blâmer avec
charité, ses loüanges estoient des témoi-
gnages desinteressez de son estime, & ses
corrections des marques avantageuses de
sa droiture.

Tel qu'il paroissoit devant les hommes, tel
il estoit devant Dieu. Bien loin de vouloir
acquerir leur estime par une pieté apparen-
te, il ne tint pas à ses soins qu'il ne déro-
bast à leur vûë ses veritables vertus; & hors
le bien qu'il estoit obligé de faire en pu-
blic pour l'exemple, sa main gauche igno-
ra toûjours ce que fit la droite.

Matth.
6. 3.

Disons tout, puisque nous ne disons
que ce que dit le Seigneur mesme. Il seroit

honteux, qu'en loüant un homme fi veritable nous déguifaffions la verité. A la
Cour les vertus font ordinairement far-
dées, & fi le Prince eft un Ezechias, ou un
David qui cherche Dieu de tout fon cœur,
il y fait bien moins de devots que d'hypo-
crites. On s'y forme un plan de devotion
exterieure, que l'on accommode à fes inclinations ou à des vûës de fortune. *On y* *Matth.*
paye exactement la dîme de la menthe & *23. 23.*
de l'aneth, pendant que l'on neglige les points
les plus importans de la Loi ; & à peine y
voit-on quelques *Temples du Saint Efprit* 1. *Cor.* 6.
parmi un nombre prodigieux de *fepulcres* 19.
blanchis. Le Courtifan dont nous parlons, *Matth.*
fut *adorateur du Pere celefte en efprit &* 23. 27.
en verité, & il le fut d'autant plus parfai- *Joann.* 4.
tement, qu'il craignit de ne pas l'eftre. *Il* 23.
me femble, difoit-il, *que j'aime Dieu, mais*
je crains que mon propre cœur ne me trompe.
Ah ! MESSIEURS, que l'on eft éloigné
de tromper les autres, quand on appre-
hende de fe tromper foi-mefme ! Et que
celui qui craint de fe tromper, fe trompe
peu !

    C'eft à la Cour que l'on trouve encore

de ces hommes injuftes que Saint Paul condamne, qui non feulement ne difent point la verité, mais *qui la changent en menfonge, en donnant à la creature la gloire qui n'eſt dûë qu'au Createur; qui la tiennent captive dans l'injuſtice*, en accablant l'innocence par leur credit, ou en étouffant le merite pour l'empefcher de fe produire ; & qui enfin, fuivant la plainte qu'en a fait le Sage, l'abandonnent ou la trahiffent pour le plus petit intereft. Ici, MESSIEURS, vos penfées préviennent mes paroles, & c'eſt l'avantage de mon Sujet, que dans tout ce que j'avance, je fuis, & l'on me croit auffi fincere que celui que je louë de l'avoir eſté.

Il rendit toûjours *à Céfar ce qui eſt à Cefar, & à Dieu ce qui eſt à Dieu.* Il foûtint la qualité de Courtifan fans perdre celle de Chrétien ; & jamais une lâche complaifance pour fes égaux ni pour fes fuperieurs ne lui fit rien dire de contraire à cette droiture qui eſtoit née dans fon cœur ; & que la verité mefme y avoit encore plus profondément gravée de fon doigt facré.

N'eſtoit-il pas le protecteur le plus déclaré de l'innoçence & du merite ? Combien de foibles ſeroient maintenant oppri-
mez, ſi ſa main ſecourable ne les eût cha-
ritablement ſoûtenus ? Car le ſiecle eſt
parvenu à ce point de corruption, que l'innocence, qui devroit eſtre la protection
naturelle des hommes malheureux, a beſoin elle-meſme de la protection des hommes puiſſans. Combien de lampes brillent
aujourd'hui ſur le chandelier, qui ſans lui *Matth. 5.*
ſeroient encore cachées ſous le boiſſeau ? *15.*
Car il faut que le merite ſoit connu pour
eſtre recompenſé, & rarement trouve-t-il
les occaſions de ſe faire connoiſtre. Il a
meſme un noble orgueil, diſons mieux, il
a une exacte modeſtie qui lui défend de
les chercher, & il aime mieux ſe tenir lieu
lui-meſme de recompenſe, que de la devoir à des Cours ſerviles, ou à des démar-
ches irregulieres que la Religion n'ap-
prouve pas. Il faut que de grandes Ames
l'aillent déterrer dans l'obſcurité, & qu'a-
prés l'avoir mis au grand jour, elles lui
faſſent encore de leur protection un rem-
part contre les traits de l'envie. C'eſt de

cette generofité que fut capable le grand
Homme que nous avons perdu , & que
nous ne retrouverons peut-eftre jamais.

Mille Couronnes ne l'auroient pas fait
refoudre à trahir la verité , & le peril avoit
des appas pour lui , quand il faloit s'y ex-
pofer pour la défendre. Courageux fans
arrogance, ferme fans prévention , auftere
fans aigreur , zelé fans indifcretion , indi-
gné contre les lâchetez de la politique ,
armé contre la tyrannie de la coûtume ,
il fe déclaroit hardiment pour la bonne
caufe, &, fuivant le confeil du Sage , jamais
Eccli. 4. il *n'étouffoit la parole , quand elle pouvoit*
28. *eftre falutaire.* La plûpart de ceux qui com-
pofent les Cours des Princes , font d'un
caractere bien oppofé. Retenus par l'intereft ou par la crainte , ils gardent un filen-
ce criminel, & l'innocent malheureux eft
Eccle. 4. opprimé par la calomnie , fans que per-
1. fonne le foûtienne ou le confole. *Le jufte*
Ifai. 57. *perit,* ou fans que l'on parle pour lui , ou
1. *fans que l'on penfe à lui :* on eft mefme in-
genieux à fe le figurer coupable, pour s'é-
pargner la honte qu'il y a de l'abandonner.
Quelquefois on déguife fa timidité par

une

une humilité feinte, voulant laisser enten-
dre qu'il y auroit de l'orgueil à s'opposer
au torrent, & qu'un seul ne peut ni ne
doit l'emporter sur le grand nombre. Mais
le seul Michée n'eut-il pas le courage de
resister aux quatre cens Prophetes de Baal *3. Reg. 22.*
qui ne prédisoient que le mensonge ? Il *2. Par. 18.*
n'est jamais permis, disent les Peres, de *Basil. lib.*
soûtenir la verité avec insolence ; mais il *de Sp. S. c. ult. in*
ne faut pas aussi la tenir captive, sous le *fine.*
vain pretexte d'une humilité mal-enten- *Chrys. Hom. 22.*
duë. Comment y auroit-il de l'orgueil à *in Ep. ad Rom.*
la soûtenir, quand Dieu nous la fait con- *August.*
noistre, puisque la connoissance de la ve- *Tract. 48. in Joann.*
rité n'est que le fruit de l'humilité, & qu'on *Gregor. Papa*
ne la connoist que pour la dire ? *Mor. lib.*

Cette franchise intrepide eut sans dou- *7. cap. 15.*
te ses critiques & ses censeurs: car le mon- *Bern. de*
de accoûtumé à ne voir que des ames ve- *12. grad. hum.*
nales & prostituées à la complaisance,
souffre toûjours avec peine ceux qui lui
disent la verité. Mais, ô puissante Verité,
donnez ici aux siecles futurs une preuve
éclatante, que vous faites triompher vos
favoris de la censure & de la critique du
monde. Cét Homme, MESSIEURS, que

F

l'on faifoit paffer pour fi fevere , pour ne
pas dire quelque chofe de plus , fut neanmoins honoré de l'emploi le plus important qu'un Sujet puiffe recevoir de fon Souverain.

Vous conviendrez, que rien n'eftoit plus
important à l'Etat, que l'éducation de
l'Heritier prefomptif de la Couronne , fi
vous confiderez que c'eft des bonnes ou
des mauvaifes inclinations des Princes que
dépend le bonheur ou le malheur des
Peuples qui leur font foûmis. Et comme
les Princes naiffent dans l'ordre commun
de tous les hommes, ils ont le mefme be-
foin que les autres du fecours de l'éducation , qui comme une feconde naiffance
corrige les defauts de la premiere.

Ce fut un foin , dont le Roi s'occupa
long-temps pour MONSEIGNEUR LE
DAUPHIN: & il femble qu'il eut alors
en vûë les qualitez que l'on fouhaitoit à
ceux qui feroient choifis pour gouverner
fous Moyfe ce peuple d'Ifraël que Dieu
appelle fi fouvent fon fils. Non feulement
Jerem. » ce devoient eftre des hommes d'une naif-
c. 31. v. » fance diftinguée, d'une probité reconnuë,
9. 20. »

ennemis de l'avarice, fermes & courageux, « *Iſai. 63.*
mais ſur-tout pleins de la connoiſſance & « *16.*
de l'amour de la verité, vertu qui les de- « *Exod.*
voit mettre au deſſus de la baſſe complai- « *18. 21.*
ſance & de tous les reſpects humains. *In*
quibus ſit veritas.

Mais où trouver de ſi rares qualitez réü-
nies en un ſeul homme? Elles eſtoient trop
viſibles dans celui dont nous parlons, pour
n'y eſtre pas remarquées. Ce fut donc à
lui que LOUIS LE GRAND confia ce
qu'il avoit de plus cher, & tout enſemble ce qu'il regardoit comme le plus important de ſes devoirs, la perſonne & l'e-
ducation de ſon Fils. Et la maniere glo-
rieuſe dont ce Monarque voulut bien s'en
expliquer en lui preſentant cét Homme
fidele, ſurpaſſe tous nos éloges. *Voilà*, lui
dit-il, *un homme que j'ai choiſi pour vous*
mettre entre ſes mains. J'ai crû ne pouvoir
rien faire de meilleur pour vous & pour mon
Royaume. Si vous ſuivez ſes inſtructions
& ſes exemples, vous ſerez tel que je vous
deſire ; mais ſi vous n'en profitez pas, vous
ſerez moins excuſable que les autres Princes,
& moi quitte envers tout le monde aprés

E ij

avoir fait un tel choix. Avec quelle majesté ces paroles memorables furent-elles prononcées ! Avec quel respect & quelle reconnoiffance furent-elles entenduës ! Elles eurent bien-toft leur effet. MONSEIGNEUR eut comme Salomon *un cœur docile pour apprendre à difcerner le bien & le mal ;* & le nouveau Gouverneur connut l'importance de fa Charge, en fentit le poids, & le foûtint avec gloire.

Quelle obéïffance ne lui infpira-t-il pas pour le Roi ! Quelle noble émulation d'imiter un fi grand modele ! Quelle affabilité pour les Grands ! Quelle humanité pour les Peuples ! Quelle bonté pour ceux qui avoient l'honneur de le fervir ! Et avec quelle feverité éloigna-t-il de fa perfonne tout ce qui pouvoit gafter fon efprit, ou corrompre fon innocence ! Egalement appliqué à le faire marcher fur les traces de tant de Heros qui l'ont precedé dans l'Augufte Maifon de France, & à éviter qu'il ne degeneraft de la pieté de tant de Rois Chrétiens dont il defcend, il le rendit laborieux dés fon jeune âge, pour le

rendre capable de supporter, & les fatigues
de la guerre, & le joug de JESUS-CHRIST.

Mais pourquoi m'engager dans un dé-
tail qui passeroit les bornes d'un Discours ?
Il faut que je reduise à un point le travail
de plusieurs années. Le sage Gouverneur
se regarda comme l'organe de toute verité sur le jeune Prince, & il ne lui cacha ni
celle qui luit, ni *celle qui reprend*. En user
ainsi, MESSIEURS, c'estoit remplir tous
les devoirs de son ministere. Lui dire toute verité, c'estoit lui apprendre toute vertu ; c'estoit lui inspirer tout ce qu'il devoit
à Dieu, au Roi, aux Peuples, & à lui-mesme ; c'estoit le preserver du malheur qui
accompagne les Princes, que trop de monde conspire à tromper à force de leur
vouloir plaire. Enfin en lui donnant le
discernement & le goût du vrai, il crût
avoir tout fait ; & en vous disant qu'il a
réüssi à le lui donner, je croi vous avoir
tout dit.

Mais il faut que je garde les regles de
l'équité en loüant le plus équitable de
tous les hommes ; & je commettrois une
injustice dont son ame juste seroit indi-

August.
Conf. lib.
10. c. 23.

E iij

gnée, si je ne vous disois, qu'il n'eut pas
toute la gloire de cette Royale Education.
Il eut pour cooperateur dans cét illustre
Emploi un homme selon son cœur & *se-*
lon le cœur de Dieu, puissant en œuvre &
en parole, comme lui amateur passionné
& défenseur invincible de la verité, le
Bouclier de la Foi, le Restaurateur de la
Discipline, l'honneur de l'Episcopat. Ces
deux grands Hommes furent unis par l'e-
stime & par l'amitié autant que par le devoir de leurs Charges, & leur union les
fit concourir plus efficacement à l'avantage de MONSEIGNEUR LE DAUPHIN.
Libres des lâches sentimens d'une basse
jalousie, conspirant à la gloire l'un de l'autre, & plus encore à celle de leur illustre
Disciple, ils travaillerent de concert à
lui former l'esprit & le cœur. Ils lui ou-
vrirent tous les tresors de la belle science,
ils lui enseignerent toutes les regles de la
sage Politique, ils lui developperent toute la suite des siecles, & par le secours des
Histoires anciennes & modernes ils lui ap-
prirent à regler son jugement sur les éve-
nemens passez. Quelle merveille, qu'ani-

mé par le Sang Royal qui coule dans ſes veines, & que formé par de telles mains, il ait donné dés ſa premiere Campagne dés marques prodigieuſes d'intrepidité, de va-leur, de liberalité, de conduite ? Nous ſe-rions bien plus ſurpris, s'il ne ſe rendoit tous les jours plus recommandable par ſes vertus naturelles & acquiſes, que par la qualité d'Heritier de la plus belle Couron-ne de l'Univers.

Le voilà qui court à la victoire ſur les bords du Rhin, & ſur les traces du pre-mier des Ceſars. Mais il n'a pas beſoin d'exemples étrangers, ſur les traces de CLOVIS, de CHARLEMAGNE, & de LOUIS LE GRAND. *Proſperè procede.* Avancez-vous, GENEREUX PRINCE, toute ſorte de proſperité vous eſt promi-ſe. *Propter veritatem, & manſuetudinem, & juſtitiam deducet te mirabiliter dextera tua.* La *Gloire* qui vous environne, *la Dou-ceur* qui vous eſt naturelle, *la Juſtice* qui vous guide, le Genie de vôtre Auguſte Pere qui vous accompagne, & ſur-tout *la Verité*, dont l'amour vous a eſté inſpi-ré par celui qui fut honoré du ſoin de vô-

Pſalm. 44. v. 5i & ſeq.

tre enfance , vous asſurent *d'un progrés miraculeux.* Les remparts tomberent à vôtre premiere vûë, *les Peuples tomberont encore à vos pieds, & vos armes redoutables perceront le cœur de tous les ennemis du Roi.*

La grandeur de mon Sujet m'emporte, MESSIEURS, & mon Diſcours s'excite comme la flamme qui trouve une matiere diſpoſée. Il eſt temps neanmoins de le conduire à ſa fin , & je n'ai plus qu'à vous faire voir que MONSIEUR LE DUC DE MONTAUSIER a rempli toute l'idée de la verité , en agiſſant toûjours conformément à ce qu'il a dit, & à ce qu'il a penſé.

III. PARTIE.

CELUI qui connoiſt & qui dit la verité, mais qui ne la pratique pas, porte, pour ainſi dire, en lui-meſme un arreſt qui le condamne; & dans la doctrine de S. Paul, nous n'arrivons à la perfection du Chriſtianiſme, qu'en pratiquant la verité par la charité. *Veritatem facientes in charitate.*

Ephef. 4. 15.

Auſſi , MESSIEURS , je vous parle d'un homme qui dans tous les états de ſa vie a eſté auſſi veritable pour

lui-

lui-mesme que pour tout le reste du monde, qui a esté veritable Epoux, veritable
Pere, veritable Sujet, veritable Ami, veritable Maître, veritable Chrétien; & qui
aprés avoir *choisi la voye de la verité*, y
a marché jusques au bout sans se détourner
un seul moment de sa route, & sans y faire
un faux pas.

Une tendresse de penchant & de refle-
xion l'avoit uni à une Epouse qui fut la
merveille de son temps, & que le merite
distingué joint à la haute naissance avoit
élevée aux premieres Charges de la Cour.
Il eut pour elle tous les sentimens d'estime & de respect que meritoit sa vertu,
& il l'aima, suivant le conseil de S. Paul,
comme JESUS-CHRIST *a aimé l'Eglise:* *Ephes. 5.*
uniquement durant qu'elle vécut, unique- *25.*
ment depuis qu'elle fut morte. Quand la
fatale necessité de mourir les eut separez,
son affliction fut extréme, mais en mesme
temps si chrétienne, qu'il fit bien plus de
prieres qu'il ne répandit de larmes. Privé
d'une si chere Epouse, tous les restes lui
en furent precieux. Genereux & tendre
tout à la fois, il conserva chez lui tous

ceux qui l'avoient fervie , il aima tous
ceux qui l'avoient aimée ; & tous les ans
il celebra le trifte jour de cette mort par
des aumônes abondantes , & par la rece-
ption de la victime qui ofte les pechez des
ames encore expofées aux tentations de
cette vie , & des ames qui fouffrent dans
l'autre fans avoir perdu la charité. Enfin
il a voulu que leurs cendres fuffent meflées
dans un mefme tombeau, pour y attendre
enfemble ce temps de refurrection & de
gloire , où ceux qui auront efté unis fur
la terre par les liens d'un chafte mariage ,
Matth.
22. 30. *feront comme les Anges de Dieu dans le
ciel.*

D'un mariage fi heureux il ne lui refta
qu'une fille , qui aprés avoir herité de l'e-
fprit & de la vertu de la plus parfaite des
meres , a efté l'unique confolation du meilleur pere qui fut jamais. Que n'a-t-il pas
fait pour elle , & à fon tour que n'a-t-elle
pas fait pour lui ! Il l'a unie à un Epoux
illuftre par fa naiffance , par fa dignité , &
par fon courage. Il a traité les enfans qui
font venus d'elle , comme Jacob traita ceux
Genef. 48. qui eftoient venus de Jofeph : il a mefme

voulu qu'ils fuſſent élevez ſous ſes yeux,
& pour contenter ſon affection paternel-
le, & pour leur donner par ſes paroles &
par ſes exemples les premieres impreſſions
d'honneur & de vertu. Mais s'il n'y eût
jamais de fille plus aimée, jamais il n'y en
eut de plus reconnoiſſante. Toûjours penetrée du merite, toûjours attachée à la
perſonne d'un ſi bon Pere, elle lui a ren-
du des devoirs exacts juſques à la fin de
ſa vie : & depuis que la mort le lui a ravi,
elle ne ſe conſole qu'en procurant à ſon
ame le ſecours dont elle peut avoir beſoin
pour jouïr de Dieu, & à ſa memoire ce
qui ſert à la rendre immortelle devant les
hommes.

Ce veritable Epoux & ce veritable
Pere fut encore un veritable Sujet, qui fit
conſiſter ſon premier devoir dans la fidelité, & ſa principale gloire dans l'obéïſſance ; qui eut toûjours preſent ce double
precepte de Saint Pierre, *Craignez Dieu*, 1. *Petr.* 2.
honorez le Roi ; qui à l'exemple du Cen- 17.
tenier de l'Evangile n'oublia pas en com- *Matth.* 8.
mandant aux autres, qu'il y avoit une puiſ- 9.
ſance au deſſus de la ſienne, à laquelle il

eſtoit lui-meſme ſoûmis , & pour laquelle il eſtoit obligé d'expoſer ſa vie.

Il l'expoſa , MESSIEURS, dés ſes plus jeunes années : & ne croyez pas que l'amour de la verité ſoit une vertu étrangere à la profeſſion des Armes. Ce divin Conquerant qui nous eſt repreſenté dans l'Apocalypſe *avec une robe teinte de ſang , &* *ſuivi des Armées du ciel,* porte le nom de fidele & de veritable, *Fidelis & verax ;* pour marquer ſans doute que la part que les hommes auroient à la gloire des Armes, ſeroit proportionnée à l'amour dont ils ſeroient prévenus pour la verité.

Apoc. 19.
11.

Si je ne rends pas ici à la memoire de l'excellent Homme dont je fais l'éloge , tout l'honneur qui lui ſeroit dû , ſouvenez-vous, MESSIEURS, qu'un Predicateur eſt un Ange de paix , & que ſa langue deſtinée à loüer JESUS-CHRIST Redempteur du Genre humain , ignore les termes d'un Art, qui ne tend qu'à la deſtruction des hommes. La ſeule guerre dont je dois ſçavoir parler , eſt celle que nous avons à ſoûtenir *contre les Princes de* *ce ſiecle tenebreux , & contre les eſprits de*

Epheſ. c.
6. v. 12.
& ſeq.

malice répandus dans l'air , qui veulent nous enlever l'heritage de nôtre Pere celefte. Je ne refuferois pas de vous expliquer la maniere dont vous devez vousmefmes refifter à une tentation violente , & de vous fervir pour cela de *la parole de Dieu* comme *d'un glaive qui tranche de deux coftez* , de vous reveftir *de la cuiraffe de juftice* , de vous couvrir *du bouclier de la Foi.* Mais quand il faut vous entretenir des Sieges & des Batailles où Monsieur le Duc de Montausier a fignalé fa valeur, tout mon efprit m'abandonne, & je n'ai plus de paroles pour m'exprimer.

Hebr. 4. 12.

Je trouve feulement, que les Guerriers qui font loüez dans les divines Ecritures, ont efté courageux & intrepides ; & je fçai que celui que je loüe, a percé lui feul des Efcadrons ennemis, & que plus d'une fois une noble audace lui a fait enlever des Drapeaux. Je fçai, qu'il a paru comme un lion dans les combats, & qu'il y a reçû des bleffures dangereufes. Je fçai qu'il s'eft engagé fouvent dans la meflée, & qu'on l'y a vû comblé de gloire dans le temps mefme, qu'accablé par le grand nombre, il y perdit la liberté.

1. Macc. 3. & alibi paffim.

F iij

Je trouve dans les divines Ecritures,
qu'un homme de guerre qui aime la verité, doit eſtre fidele à ſon Prince ; & je
ſçai que la fidelité de celui dont je vous
parle, a eſté miſe aux épreuves les plus dif-
ficiles dans les mouvemens de l'Etat. Mais,
ni les preſſantes ſolicitations qui lui furent
faites, ni la lueur des pretextes ſpecieux,
ni les vûës d'une fortune éclatante, ni
l'exemple de tant de perſonnes illuſtres
qui ſuivoient le torrent, ni le penchant
que lui pouvoit donner une amitié glo-
rieuſe, ni les ſujets de mécontentement
qu'il recevoit alors du Miniſtere, ne l'é-
branlerent jamais : & malgré l'eſprit de
revolte qui ſembloit remuer tous les cœurs,
il demeura ferme dans la verité, inſepara-
ble de la fidelité qu'il avoit voüée au Roi
ſon Maiſtre : *Stetit in veritate, id eſt, fide-
litate.* Gouverneur alors d'une Province
expoſée *à la malice des inſenſez, & à l'erreur des imprudens,* il y fit écouter aux
uns de ſalutaires conſeils, il chaſſa les autres des Places dont ils s'eſtoient emparez,
il les combattit, & il reçût dans ce combat pluſieurs bleſſures, dont l'une, vous le

Rom. cap.
13. & ali-
bi.

Eccle. 7.
26.

sçavez, lui fit perdre un bras. Il l'auroit
cachée, s'il l'eût pû, & il n'en parloit jamais par modeftie: mais il eftoit jufte qu'-
elle paruft, & qu'elle parlaft fans lui, pour
faire remarquer par-tout où alloit ce grand
Homme, que non content d'avoir confa-
cré fon cœur à la verité, il avoit encore
donné fon bras pour la défendre.

Je trouve dans les divines Ecritures, qu'-
un homme de guerre doit eftre *pieux &*
craignant Dieu, comme celui dont il eft par- *Act.* 10.
lé dans le Livre des Actes, qui fe fanctifioit 7.
lui-mefme, & qui fanctifioit fes foldats: &
je fçai que celui-ci faifoit dépendre le fuc-
cés de fes armes de la protection du Dieu
des Armées; qu'il s'appliquoit à retenir les
Troupes dans le devoir; & qu'il difoit
dans ces occafions, Qu'il eftoit bien éton- «
nant que l'on punift avec tant de feverité «
les moindres fautes commifes contre le «
fervice du Roi, & que l'on demeuraft in- «
fenfible aux plus grandes injures que l'on «
faifoit à Dieu. «

Mais permettez-moi, MESSIEURS, de
le faire paffer des Emplois tumultueux de
la guerre à des états plus tranquilles. Fut-

il jamais un ami plus veritable ? Ici vos cœurs s'attendriſſent, & vos larmes prennent la place de mes paroles. Il fut *ami de tous les temps,* comme dit le Sage, auſſi ardent & auſſi vif dans la diſgrace que dans la faveur. Ami ſûr & fidele, qui ne manqua jamais au beſoin. Ami genereux, qui employa ſon credit & ſes biens meſmes pour ſatisfaire aux devoirs de l'amitié. Ami patient, qui ſupporta les defauts de ceux qu'il aimoit : mais ami charitable qui ne craignit pas de les en corriger, & qui ne leur cauſoit un mal apparent que pour leur faire un bien ſolide. Ami humble, qui tout grand qu'il eſtoit, ne dédaignoit pas de deſcendre juſqu'aux petits, parce que la Verité lui avoit appris que dans l'ordre commun de la Providence les petits ſelon le monde ſont deſtinez à eſtre les Princes du ſiecle futur, & les Grands de l'Eternité.

Veritable Maiſtre, qui ne regarda pas ſeulement ſes domeſtiques comme *des amis humbles & ſoûmis,* ſelon la remarque d'un Philoſophe, mais en quelque maniere *comme des enfans,* ainſi que l'Evangile

Prov. 17. 17.

Prov. 27. 6.

Senec. Epiſt. 47.

gile semble le prescrire ; qui ne les traita pas avec rudesse dans la santé ; qui les visita dans la maladie ; qui veilla pour le bien de leurs ames , comme en devant rendre compte ; & qui ne laissa jamais leurs services sans recompense. Aussi sa Maison estoit-elle remplie de ces *Serviteurs sensez,* dont parle l'Ecriture, qui s'attachoient à lui sans interest , qui le servoient par amour , qui lui obéïssoient dans la simplicité du cœur.

Matth. 8. 5.
Ephes. 6. 9.
Hebr. 13. 17.

Eccli. 7. 23.

Ephes. 6. 5.

Veritable Chrétien, dont la pieté ne fut jamais alterée par le sejour de la Cour, si dangereux pour le salut. Il y fut comme Joseph & Mardochée, pour honorer Dieu en honorant son image , & pour faire de son credit la matiere de sa charité. Il y fut par necessité plûtost que par choix , par état plûtost que par ambition. Quand mesme il ne se seroit pas conduit par des vûës de Religion , il estoit naturellement trop desinteressé pour s'abandonner aux mouvemens d'une passion déreglée qui court aprés les richesses perissables, & qui ne respire qu'aprés la vaine gloire de ce monde. Il disoit, *qu'un Chrétien pouvoit*

C

bien avoir le cœur haut, mais qu'il ne lui estoit pas permis de l'avoir ambitieux. Il vouloit qu'en s'acquittant de son devoir, on trouvast sa recompense dans le seul plaisir de s'en acquitter ; que l'on honorast & que l'on servist le Souverain pour luimesme, sans aucun égard aux bienfaits que répand sa main liberale. *Les ambitieux, disoit-il, font des glorieux qui font des bassesses, ou des mercenaires qui veulent estre payez.* Il est vrai qu'il a esté comblé de graces, mais il ne les a pas recherchées. Elles l'ont fui durant le cours d'un Ministere tumultueux malgré l'importance de ses services ; & s'il eust esté obligé de les poursuivre autrement que par le merite, elles l'auroient fui toute sa vie. Mais elles sont allées au devant de lui, dés qu'il a vécu sous un Roi, dont le discernement estoit trop juste pour ne les pas donner par preference à un homme qui les meritoit d'autant plus qu'il ne les recherchoit pas.

Mais quelque pieux, quelque sage, quelque desinteressé que soit un Chrétien, il est indigne du nom qu'il porte, s'il n'a la charité qui eſt l'ame du Chriſtianiſme : Celui-ci l'avoit dans le cœur, & il l'exerça toûjours envers les pauvres avec une liberalité proportionnée à ſes grands biens. Un Chrétien doit prier ſouvent : Celui-ci ſe faiſoit une ſolitude au milieu de la Cour pour prier à certaines heures ; & il ſe pouvoit promettre d'avoir le Seigneur prés de luy, parce qu'il l'invoquoit dans la verité. Un Chrétien ſe doit nourrir de l'Euchariſtie : Celui-ci recevoit ſouvent cette nourriture divine, aprés s'eſtre ſincerement éprouvé. Un Chrétien doit chercher la verité dans l'Ecriture : Celui-ci l'y cherchoit tous les jours ; & il avoit lû tant de fois ce Livre ſacré, que je n'oſerois vous en dire le nombre, de peur de confondre les Miniſtres meſmes de l'Evangile, & de peur que les traits que je lancerois contre mes freres, ne revinſent contre moi. Auſſi eſt-il certain, que la lecture de la parole de vie lui ſervit d'une excellente preparation à la mort.

La voici donc cette mort impitoyable, qui fut precedée d'une longue maladie, pendant laquelle il appliqua toute ſa vigi-

1. Cor. 13.

1. Rom. 5. 5.

Matth. c. 6. v. 6. & ſeq.

1. Theſſ. 5. 17.

Pſalm. 144. 18.

1. Cor. 11. 28.

Rom. 15. 4.

Il avoit lû le ſeul Nouveau Teſtament plus de cent fois.

lance à haster sa course dans *la voye de la verité qu'il avoit choisie.*

La veritable voye d'un Chrétien mourant est la penitence. *Faites penitence,* dit
l'Evangile, *car le Royaume du ciel est proche.* Et quand est-ce qu'il est plus proche,
qu'à la mort ? A cette derniere heure, dit
S. Augustin, il faut que le juste mesme soit
penitent, parce qu'il va paroistre devant
un Juge *qui jugera les justices.* Mais cette obligation regarde principalement les
Grands du monde, & parce que leur jugement sera plus severe que celui des autres
hommes, & parce que la penitence qu'ils
font durant leur vie, est accompagnée
d'une infinité d'imperfections : car il est
bien difficile d'estre penitent au milieu
des grandeurs & des delices.

L'Homme veritable dont nous parlons,
convaincu de ces grandes veritez, parut
dans sa derniere maladie plus rempli que
jamais de l'esprit d'une penitence sincere ;
& voici les marques de cette sincerité. La
penitence est un don de Dieu ; il ne cessa
point de la demander avec des prieres fer-
ventes qu'il avoit lui-mesme composées

dans l'amertume de son cœur, & il exhortoit souvent ceux qu'il honoroit de sa confiance, de la demander pour lui. Cette vertu, dit Tertullien, *est une école d'humilité :* il s'humilia, tantost *sous la puissante main de Dieu,* en se soûmettant à ses ordres; tantost aux pieds du Ministre de JESUS-CHRIST pour recevoir le Sacrement de la reconciliation ; tantost devant ses domestiques en leur demandant pardon des mauvais exemples qu'il pouvoit, disoit-il, leur avoir donnez, & des peines qu'ils avoient souffertes à son service. La penitence veritable n'est jamais sans amour : il en faisoit des actes continuels, & il s'estimoit indigne de les faire. La Communion est la recompense d'un penitent : il la reçût pour la derniere fois *avec ce cœur sincere & cette plenitude de foi* que l'Apôtre demande en ceux qui s'approchent de JESUS-CHRIST. La sacrée Onction des mourans est appellée par le dernier Concile *la consommation de la penitence :* il la reçût avec une vive foi , & il nous parut qu'après l'avoir reçûë, il eut plus de force, plus de patience, plus de ferveur.

Tertull. de Pœnit.

1. Petr. 5. 6.

Hebr. 10. 22.

Concil. Trident. sess. 14. cap. 9.

La penitence est une destruction de la chair: il voyoit avec fermeté & avec resignation la poudre retourner en poudre, & le corps du peché prest à se détruire. Il trouvoit mesme cette destruction trop tardive, non pas tant parce qu'il craignoit les humiliations inseparables d'une longue agonie, que parce qu'il desiroit d'estre délivré des liens du corps pour estre plûtost avec JESUS-CHRIST. Mais Dieu vouloit qu'il goutast la mort, & il le laissa long-temps aux prises avec elle pour le couronner aprés qu'il auroit legitimement combattu. Jamais vous ne serez effacées de ma memoire, tristes nuits, journées deplorables, où je fus le témoin assidu de ce combat, & où ma foible voix en seconda * une plus forte, bien moins pour animer le combattant, que pour applaudir à son triomphe, & pour implorer auprés de lui les misericordes du Seigneur avec des larmes de douleur & de consolation tout ensemble.

Enfin, MESSIEURS, la mort fut la penitence imposée au premier homme, & cette mort a passé de lui à tous les autres

auſſi-bien que ſon peché. Nôtre Mourant
ſe ſoûmit à cét arreſt de la divine juſtice,
& il eſpera que cette ſoûmiſſion attireroit
ſur lui la miſericorde. La crainte ne lui
oſta point la confiance, & la confiance ne
le jetta point dans la préſomption. Nul
aſſoupiſſement ne l'empeſchoit de penſer
à ſon ſalut, & nous l'entendions qui con-
vertiſſoit en loüanges de Dieu ces regrets
plaintifs qui ont accoûtumé de finir la vie
des hommes. La douleur qui le ſuffo-
quoit, pouvoit bien arreſter ſa reſpiration,
mais elle eſtoit incapable d'affoiblir tant
ſoit peu ſon eſprit. Juſques au dernier ſoû-
pir ſa raiſon fut libre ; & il eſtoit bien juſte, que la verité *qui éclaire tout homme* Joann. 1.
venant en ce monde, éclairaſt un homme 9.
qui l'avoit tant aimée, lorſqu'il ſortit de
ce monde.

Sortez donc, Ame penitente, ſortez de
ce corps mortel, & ſortez-en ſans aucune
crainte. La penitence auſſi-bien que l'innocence paroiſt avec un front aſſuré devant le Tribunal de JESUS-CHRIST qui
n'a des foudres que pour le peché. Sortez,
Ame penetrée de l'amour de la verité, &

I. Cor. 13.
12.]

deſormais allez contempler face à face &
à découvert cette Verité que vous n'avez
vûë ici-bas que ſous des enigmes.

Je ſçai bien, MESSIEURS, qu'en un
ſens on me pourroit accuſer de l'avoir alterée dans les loüanges que je viens de
donner au plus illuſtre de ſes favoris, puiſque l'Ecriture nous dit que *tout homme eſt*
menteur. Mais cette parole a beſoin d'ex-
plication. Elle ne veut pas dire, que tout
homme ait l'erreur dans l'eſprit, le menſonge dans les paroles , & le déreglement
dans les actions. La grace du Redempteur
en ſepare toûjours quelqu'un de la corruption generale ; & maintenant nous ſommes en droit de croire, que MONSIEUR
LE DUC DE MONTAUSIER a eſté du
nombre de ces bienheureux privilegiez.
Mais les Peres nous apprennent que *tout*
homme eſt menteur, parce que *tout homme*
vivant eſtant un abyſme de vanité, il ſe
dément comme tout le reſte des choſes
humaines; où tout vient enfin à manquer.
Omnis homo mendax. Omnis homo deficit.
Et dans ce ſens il n'eſt que trop certain
que cét homme que je viens de vous re-
preſenter

Pſalm.
115. 11.

Pſalm.
83. 6.
Theod.
hîc. & alii

presenter si veritable, a esté compris dans
l'ordre general de tous les autres. *Deficit*,
il nous manque; & à qui ne manque-t-il
pas!

Il vous manque, GRAND ROI; & encore que tous vos Courtisans vous soient fi-
deles, peut-estre n'en aurez-vous jamais
dont le zele soit plus ardent, & la fidelité plus éprouvée. Aussi lui fistes-vous
rendre au lit de la mort ce glorieux té-
moignage: Que vous étiez content de ses «
longs services, que vous l'honoriez de vos «
regrets, & que vôtre Cour perdoit un «
grand ornement en sa personne. Nous le «
croyions alors détaché de tout; mais vous
nous fistes voir qu'il y avoit une chose sur
la terre où il estoit encore sensible.

Il vous manque, MONSEIGNEUR:
car la seule chose qui manque à ceux qui
comme vous ne manquent de rien, c'est
un homme sage & intrepide qui leur dise
la verité.

Il vous manque, Maison affligée, qu'il
aimoit si tendrement, & qu'il soutenoit
par une protection si puissante. Sçavans Hommes, dont le merite est sans

appuy ; Amis, qu'il aimoit avec tant de tendreſſe ; Pauvres, qu'il combloit de ſes charitez, il vous manque, *Deficit.* Mais il vous manque plus qu'à tout le reſte du monde, ſainte & adorable Verité de mon Dieu ; & je pourrois m'écrier ici avec le Prophete ; *Veritatem ejus quis requiret?* Depuis que ce grand Homme n'eſt plus, qui cherchera la verité dans le grand monde, & qui l'y cherchera, pour la connoiſtre, pour la dire, pour la pratiquer comme lui ?

Mais *s'il nous manque* dans ce monde, il faut eſperer qu'il ne nous manquera pas dans l'autre. C'eſt un Aſtre bienfaiſant qui a diſparu, mais qui ne s'eſt pas éteint: encore ne s'eſt-il couché ſur nôtre Horizon que pour ſe lever ſur la celeſte Jeruſalem, où ſon orient ſera éternel. Si neanmoins quelques reſtes de la fragilité humaine ferment encore le ciel à cét Homme incomparable, SACRÉ PONTIFE, qui lui fûtes cher, haſtez vous de lui en ouvrir la porte étroite, en achevant le ſaint Sacrifice. Et vous, CHRÉTIENS, qui eſtes venus ici avec tant de zele lui rendre

vos derniers devoirs , ne lui refuſez pas le
ſecours de vos prieres ; & n'oubliez jamais
un Homme qui a fait tant d'honneur au
monde , & qui durant quatre - vingts ans
qu'il a vécu au milieu des voyes trompeu-
ſes du ſiecle , a toûjours eſté aſſez ſage pour
ne *choiſir que celle de la verité.*

VEu l'approbation ; Permis d'imprimer.
Ce 1. Septembre 1690. DE LA REYNIE.